Mon carnet de survie

Ce carnet appartient à :

Nom : _______________________

Prénom : _______________________

Adresse : _______________________

Le matériel essentiel de survie

Être bien formé et faire face à un scénario de survie implique d'être préparé à une variété de circonstances et de défis, en rassemblant les ressources nécessaires sans se surcharger. D'où l'intérêt de bien choisir le contenu de survie. Une liste de contrôle est nécessaire.

Quatre conditions doivent être prises en compte. Premièrement, la polyvalence : il faut être capable d'allumer un feu, de boire, de prévoir de la nourriture, de dormir, de s'abriter et de se débrouiller dans une situation de survie. Idéalement, vos outils de sécurité seront en mesure de vous soutenir dans chacune de ces activités.

Deuxièmement, le poids total de l'équipement : Plus il est léger, plus vous économisez de l'argent et plus vous pouvez vous déplacer rapidement. Troisièmement : le volume, il va de pair avec le poids. Votre équipement de survie devra être le moins encombrant que possible. Quatrièmement, la durabilité : dans un environnement de survie, l'équipement doit être durable et robuste, il ne doit pas vous laisser tomber.

À titre de référence, consultez dans le tableau ci-dessous notre check-list sur l'équipement de survie, autrement dit, l'équipement nécessaire dans un cas de survie.

RECOMMANDATIONS ET CONSEILS

Couteau :

Complètement indispensable dans les situations d'urgence, un couteau offre divers services. Il doit être solide, efficace et flexible. C'est notamment le cas des couteaux Gerber. En fonction de vos besoins et pour bénéficier d'une certaine flexibilité, vous pouvez également concevoir un couteau suisse ou une arme multifonction SwissTool, Leatherman ou Gerber.

Machette

La machette est la bonne ressource pour grandir et vivre sous la pluie. Une arme plus efficace et plus longue qu'un couteau a une triple valeur dans une machette de survie : défricher un champ, construire un abri, chasser et tenir un ennemi à distance. En fait, une machette peut remplir les mêmes fonctions qu'un couteau (préparation de la nourriture et autres activités importantes).

Gourde et filtre à eau

L'eau est importante. En réalité, une gourde est un élément important de votre contenu de survie. Remarque : dans des conditions de survie, vous pourriez avoir des questions concernant la sécurité de l'eau. Même, rêvez d'un système de traitement de l'eau léger : Comprimés de micropur, comprimés filtrants ou gourdes filtrantes. Les marques Katadyn et Lifestraw sont les références dans ce domaine.

Lampe

Non indispensable mais fermement recommandée, une lampe vous sera d'un grand secours. Choisissez de préférence une lampe frontale : légère et mains libres. Note : certaines lampes frontales Petzl ont l'avantage de pouvoir être rechargées par USB et donc pourquoi pas avec un panneau solaire ou un système Dynamo Powertraveller : capacité inépuisable.

Kit de survie

Pour faire face à un scénario de survie, assurez-vous d'avoir le bon équipement pour vos premiers besoins : un kit de survie, un sac d'urgence ou une boîte d'urgence est une aide essentielle. Important : le kit de survie doit être portable, léger et flexible. Idéalement, le kit de survie doit également contenir des éléments de premiers secours.

Sifflet de survie

Un sifflet de survie ou d'urgence est un moyen particulièrement efficace pour signaler votre existence, donner l'alerte, vous faire comprendre sans gaspiller toutes les ressources. Un autre avantage est qu'un sifflet de survie a aussi l'avantage de ne peser que quelques grammes et de prendre si peu de place à l'intérieur du contenu de survie.

Couverture de survie

La couverture de survie est importante en cas d'hypothermie ou d'insolation. Ces protections peuvent également servir d'abri ou de sécurité, notamment en cas de mauvais temps. Triple avantage : le bouclier de sécurité est une défense à la fois sûre, isolante et coupe-vent. Format super compact et poids ultra léger.

Allume-feu

Le feu est un facteur critique dans les circonstances de survie : pour se couvrir, pour s'éclairer, pour se défendre contre de futures attaques d'animaux, pour planifier la nourriture et pour le moral. Un bon allume-feu est donc nécessaire. Les allumettes et les pierres à feu de tous les temps, ainsi qu'un amadou fort, sont des éléments importants de votre contenu de survie.

Hamac

Selon d'autres experts, la meilleure option de sommeil qui reste est le hamac. Le hamac est une option légère et portable. De plus, un hamac vous aide à ne pas être en contact avec l'humidité du sol et à rester hors de vue des animaux sauvages : vous êtes en hauteur. Dans le cas d'un environnement à risque pour les insectes, pensez à une moustiquaire adaptée.

Tarp

Obtenir un toit ou un abri est un avantage certain dans un scénario de survie. En réalité, une bâche est un élément qui ne doit pas être écarté de votre équipement de survie. Il s'agit d'une bâche petite et légère, à la fois simple à monter et imperméable. En réalité, une bâche peut être montée presque partout : elle protège de la chaleur, elle protège du froid et elle protège de la lumière.

Scie

Cependant, si l'on est déjà armé d'un couteau et d'une machette, une bonne scie de survie présente 3 grands avantages à ne pas manquer en matière de survie : la vitesse de coupe, la légèreté et la compacité, que l'on préfère une scie pliante ou une chaîne de scie. Ceci est valable pour les scies Gerber, les scies Highlander et les scies BCB.

Constituer un kit de survie

Le kit de survie est une collection d'articles essentiels qui sont planifiés à l'avance, afin qu'ils puissent être rendus accessibles en cas d'urgence.

Il est couramment utilisé, par exemple, sur les canoës d'évacuation ou sur les avions de combat, mais il peut aussi être particulièrement pratique d'en avoir un :
dans votre voiture
Chez soi
Quelque part dans la nature, qui pourrait représenter votre "point d'effondrement" en cas de perte de normalité.
Ainsi, dans notre situation, il s'agit d'obtenir un paquet qui contient les éléments nécessaires pour pouvoir vivre en cas d'urgence, ces besoins étant spécifiques en fonction de l'endroit où vous placez votre paquet.

Il existe bien sûr différents types de kit de survie : cela peut aller d'un sac compact à un abris anti-atomique, sous laquelle d'autres personnes rangent suffisamment pour y rester pendant de nombreux mois.

Conceptuellement, un kit de survie doit répondre aux besoins suivants : avoir une protection générale contre les intempéries (il peut parfois s'agir d'une bâche, tout au plus d'une tente. Cette polyvalence n'est pas aussi importante en soi car il s'agit d'un ensemble "ménage" que d'un ensemble "point de chute" ou véhicule).

Support permettant de conserver une température de sécurité (vêtements, incendie...) pour satisfaire les besoins de premiers secours.
La fourniture de nourriture et d'eau (éventuellement avec l'aide de la nature) permet de transmettre des signaux aux éventuels sauveteurs (par exemple, en cas d'inondation).

Lorsque vous choisissez d'acheter une trousse de survie, vous avez deux options : commander un ensemble complet.
Constituez vous-même votre kit.

En règle générale, la première option serait moins coûteuse si l'on considère le niveau régional. Cependant, vous pouvez vous retrouver avec des choses dont vous n'avez pas besoin et/ou certains produits à recycler qui peuvent modifier le coût du prix.

La principale faiblesse est que vous ne savez pas ce que vous avez placé dans votre trousse de survie. Il est réconfortant de se rendre compte que c'est précisément ce que nous devions avoir qui a été sélectionné, en particulier pour des choses aussi importantes.

Je vous suggère fortement d'avoir deux packs de survie séparés, pour deux scénarios de survie qui me semblent totalement différents : la survie "à domicile" (environnement modérément dégradé, incapacité de sortir de chez soi, problèmes de sécurité). Et la survie "nomade" dans une crise beaucoup plus profonde qui vous fait fuir la région.

Quelle que soit votre préférence, voici une liste de choses que vous ne pouvez pas, vous passer pour un kit de survie digne de ce nom :

Une couverture de sécurité (ou peut-être plusieurs) ou un sac de couchage (y compris un kit de survie pour la maison) pour assurer votre sécurité.

Un couteau (si nécessaire un couteau suisse et un couteau de survie décent)

 De quoi faire un feu

Du fil de fer ou une ficelle du genre paracord léger

De la lumière (lampe de poche ou lampe frontale)

De quoi se nourrir.

En ce qui concerne la nourriture, j'en reparlerai un peu plus bas.

1) Acheter un kit de survie tout fait.

Tout d'abord, sachez que la nourriture est rarement incluse dans le kit de survie commercialisable, vous devrez donc l'ajouter vous-même. En ce qui concerne la nourriture, une solution qui me semble presque optimale, du moins dans la plupart des situations, est celle des rations de survie. Lisez la rubrique "Construire son propre kit" pour plus d'informations.

Revenons à l'achat de paquets dans l'industrie. Il existe un très large éventail de choix qui vous aideront à faire face à diverses circonstances, mais ils ne sont pas tous aussi biens.

Un très bon kit de survie est le kit de survie Ultimate de Gerber. J'en ai acheté de nombreux exemplaires pour moi et mes proches. Le contenu n'est pas de grande qualité, mais le but d'un kit de survie tout fait est précisément de pouvoir garer n'importe quoi "en urgence". Il ne remplacera pas le matériel actuel pour vos besoins quotidiens !

Il contient:

un couteau multifonction assez complet.
un sac étanche
une mini lampe-torche
une scie à main
un miroir (afin de signaler sa présence
notamment)
une couverture de survie
un allume-feu et des allumettes imperméables.
de l'amadou pour lancer un feu
du fil de fer
un bracelet de survie
du fil et un nécessaire de couture
un nécessaire de pêche
un sifflet de secours.

Lorsque j'ajouterai des articles à ce paquet pour
le compléter, outre les produits périssables, je
prendrai probablement un couteau de protection
de bonne qualité, avec lequel effectuer le premier
traitement en cas de graines (comprimées contre
la diarrhée et les analgésiques, bandages,
antiseptiques, compresses...) et peut-être une
boussole. En ce qui concerne les premiers
secours, il existe également des trousses de
secours complètes qui peuvent être un
complément parfait.

Évidemment, il ne s'agit pas de la tente (cliquez pour voir notre article), que vous devrez peut-être inclure pour un forfait "étape tombée" ou dans votre voiture (lorsque le poids est moins problématique).

Si vous vérifiez les coûts, vous pourrez bien sûr trouver des kits de survie moins chers que celui-ci, mais je vous conseille personnellement de ne pas acheter un kit de survie inférieur à 30 euros.

Il y a encore plus de kits de survie complets, donc si vous avez 100 euros à mettre dans un kit de survie (ce qui n'est pas ridicule, loin de là), je pense qu'il vaut la peine d'investir une heure à se construire pour obtenir quelque chose de vraiment parfait.

2) se constituer son kit soi-même.

Mettons notre courage de côté, ne cédons pas à la facilité, et écrivons nous-mêmes notre programme de survie ! Continuons avec la liste des éléments critiques dont nous avons parlé plus tôt.

Une portée de sécurité. Je vous suggère d'acheter un simple masque de survie. Pour un sac à dos, trouver un sac de couchage décent sera plus pratique et plus fiable à long terme. Sachant qu'un sac de couchage est plus coûteux mais peut durer de nombreuses années d'utilisation, ce qui peut être bénéfique dans un environnement non dégradé.

Attention à ne pas emporter un sac de couchage d'été, qui peut être moins cher mais n'a aucune utilité s'il fait 0°C ... Il n'y aurait pas toujours de chauffage, même à la maison.

Une arme (si nécessaire, une arme suisse ET un bon couteau de survie). Si vous recherchez un couteau suisse d'un très bon rapport qualité-prix, je vous suggère le Victorinox.

Que faire avec le feu : là, il faut prendre une décision. La chose la plus primitive est d'acheter une base de feu, d'allume-feu, qui crée littéralement des étincelles pour allumer un feu. Ces dispositifs ont l'avantage d'être presque inépuisables, contrairement aux briquets ou aux allumettes. Cependant, ils sont très gênants et constitueraient, selon mon expérience, au mieux une option de sauvetage.

Néanmoins, si vous optez pour cette alternative, je vous conseille au moins de vous placer avec de l'amadou ou du coton dans une pochette imperméable pour les soirées plus humides que la moyenne, sinon vous mangerez frais.

L'autre alternative, le "survivaliste" mais qui reste plus sûre d'un point de vue tactique, consiste à s'équiper de 3 ou 4 briquets Bic (ou deux briquets Zippo) et/ou de paquets d'allumettes imperméables stockés dans une pochette étanche (nécessaire pour le coup ...).

Ligne ou chaîne de type paracord

Lumière : il y a deux choix, soit acheter une lampe torche avec une dynamo, soit acheter une lampe torche classique de haute qualité avec de nombreuses piles en stock. Mais attention, si vous achetez une lampe torche sur internet à ne pas vous faire avoir par des lampes à 3€ qui ont l'air bien et qui en fait font 5 cm de long (ça se voit pas sur une photo) mais n'éclairent rien du tout.

Si vous vous rendez en forêt, il est judicieux d'avoir un outil pour couper le bois : une scie ou une machette. À tout cela, vous ajouterez un kit de pêche et un kit de couture.

Seulement une tente si vous vous encouragez à la porter. (Je pense juste que c'est la moindre des choses d'avoir une tente dans sa voiture tout le temps !

Venons-en aux vivres:

En ce qui concerne l'eau, il faudrait la situer dans les villes ou dans la nature. Il suffit de trouver un endroit pour la stocker, comme une gourde ou un camelback.

Il est très courant en France de trouver de l'eau dans des circonstances normales, dans les villes et surtout dans les cimetières. En outre, vous aurez besoin de comprimés de purification de l'eau pour éviter de tomber malade si vous vous trouvez loin d'une région.

En ce qui concerne la nourriture, il est un peu plus difficile de la recevoir dans la nature. Bien sûr, si l'on sait que la famine est un problème (surtout si vous partez pour longtemps et que vous n'avez pas assez de nourriture pour tenir), vous devez avoir ce que vous pouvez pour obtenir votre nourriture. La cueillette peut avoir une source de nourriture pratique, mais il devient de plus en plus important d'avoir un paquet de pêche et de savoir quoi faire avec les pièges.

Si vous décidez d'emporter de la nourriture avec vous, les rations de survie sont un moyen très agréable de nourrir rapidement tout ce qui est bon pour votre appétit.
Si vous arrêtez plus tard, le poids deviendra rapidement malsain, vous devrez donc certainement prendre des aliments lyophilisés que vous achèterez commodément au marché.
Un autre choix consiste à déshydrater les aliments afin de les conserver et de les rendre moins lourds.

Au-delà de ces éléments qui sont des éléments de simple survie, il faut penser à toute chaleur (peu importe, la chaleur n'est pas toujours un privilège, il est important d'être bien dans son esprit et elle peut dépendre de ce que l'on ressent dans son corps !) Pour commencer, pensez à prendre une paire de sous-vêtements de rechange. Il vous aide à les porter lorsque vous lavez les premiers et les faites sécher, par exemple. Une brosse à dents et du dentifrice, ainsi qu'un peu de savon de Marseille peuvent également être pris après quelques jours de marche ...

Et Surtout...

En bref, il faut garder à l'esprit qu'un kit de survie doit être adapté à vos préférences particulières, à votre climat, et surtout à ce à quoi il est destiné.

TRUCS ET CONSEILS : COMMENT SURVIVRE EN FORÊT

Personne n'est à l'abri d'une crise ou d'une blessure, donc tout le monde se retrouve en détresse, loin des secours. Heureusement, c'est ce qui fait de vous un grand homme de la jungle.

RETROUVER SA DIRECTION SANS BOUSSOLE

Trois méthodes efficaces pour retrouver sa direction sans boussole :

1. Le soleil, Le soleil se lève à l'est, tombe au sud comme il est au zénith et se couche à l'ouest. Le matin, si vous vous dirigez vers le soleil, votre direction sera l'est et votre ombre pointera vers l'ouest. Inversement, l'après-midi. Si vous avez une montre optique, des aiguilles vous aideront même à localiser les points cardinaux. Gardez la montre ouverte, en dirigeant l'aiguille étroite vers la Lumière. Le sud est à mi-chemin entre cette aiguille et le numéro 12 du cadran.

2. L'étoile polaire dans l'hémisphère nord est également pointée vers le nord. Pour la placer dans le ciel, il faut voir la Grande Ourse et la Petite Ourse, deux constellations en forme de casserole. L'étoile polaire se trouve au bout de la poignée de la Petite Ourse.

3. Si le croissant de lune se lève avant le coucher du soleil, son côté lumineux fait face à l'ouest. Si elle apparaît après minuit, le côté lumineux fait face à l'est. Également bon à savoir : la pleine lune est au sud à minuit et au nord à midi, inversement pour la nouvelle lune (non éclairée).

Attention : l'astuce selon laquelle la mousse des arbres ne pousse que du côté nord n'est pas souvent confirmée, car elle peut se répandre partout, avec de nombreux types de plantes.

UN ABRI DE SURVIE POUR LA NUIT

Le choix du terrain est important : plat, avec peu ou pas de racines (pensez à votre dos !) en hauteur et bien drainé pour éviter l'accumulation d'eau s'il pleut. De même, bien qu'utile, s'installer à côté d'une rivière peut être risqué en cas d'inondation imprévue.

L'installation d'un abri de survie dépend principalement des ressources et du temps dont vous disposez, mais il est idéalement possible de créer un nid (relativement) confortable pour une nuit. En utilisant toutes les ressources naturelles que vous trouverez, elles peuvent être utilisées comme matériaux de construction pour votre "gîte" sauvage : arbres tombés, feuilles, plantes, etc.

Les branches de conifères doivent être idéales pour former un coussin isolant suffisamment dense. L'orientation de l'abri est également importante : pour échapper aux courants d'air, l'entrée doit se trouver du côté opposé aux vents dominants.

Lorsque vous n'avez pas de coussin de couchage, disposez les arbres, les aiguilles de pin et la mousse en couches pour capturer la chaleur de votre corps. Les rochers en surplomb dans les régions plus escarpées peuvent constituer des abris décents sans la moindre tentative. Fuyez les grottes : elles peuvent être peuplées par des animaux sauvages. Elles sont souvent mal ventilées et il y a de fortes chances qu'elles s'empoisonnent avec le monoxyde de carbone créé par la combustion.

En hiver, dans les bois enneigés, votre refuge pour la nuit viendra en creusant un tunnel jusqu'au sol sous les arbres des conifères, puis en recouvrant le sol, le mur enneigé et le toit de feuilles.

FAIRE UNE CORDE EN FIBRES VÉGÉTALES

Une ressource utile pour la construction de sa maison. La forme la plus populaire de fabrication d'une corde végétale consiste à enfiler les fibres ensemble de la même manière que pour la fourrure. Cela lui donne une corde solide. Il existe de nombreuses méthodes qui rendent la corde plus polyvalente, mais elles impliquent une certaine flexibilité que l'expertise dans la manipulation des cordes.

Mais quelles plantes choisir ? Il existe des centaines de plantes dont les fibres peuvent être utilisées. Les zones de culture d'Amérique du Nord possèdent leurs propres espèces, traditionnellement utilisées par les cultures indigènes. Cependant, certaines plantes sont nombreuses, comme l'écorce de cèdre, l'écorce de tilleul, l'apocyn (plus largement reconnu comme "gobe-mouche") ou le yucca.

Le plus souvent, les fournisseurs de fibres naturelles les plus sûrs sont les plantes mortes. Enfin, le remède des sacs en plastique, malheureusement présents partout sur la planète, peut être une corde exceptionnelle jusqu'à ce qu'elle soit torsadée en profondeur sous la forme de silicone.

ALLUMER UN FEU

Pendant des milliers d'années, l'homme a créé un feu en lançant des briquettes, des bouteilles de gaz ou d'autres dispositifs modernes, simplement en frottant deux bâtons ensemble. Mais c'est un processus difficile. Certaines méthodes sont moins coûteuses dans le pétrole. La plus simple consiste à faire du feu par contact entre une pierre très dure et la pointe d'un couteau.

L'herbe sèche, l'écorce de bouleau, l'amadou sur l'écorce de conifère sont d'excellents combustibles pour allumer le feu. En frappant la pierre, des étincelles jaillissent et embrassent les brindilles. Lorsque le feu commence à se couvrir, il faut le remuer en soufflant, puis ajouter le combustible petit à petit.

Une autre méthode, celle de l'arc porteur, consiste à utiliser une lanière de chaussure, une corde ou une ficelle qui est attachée à une branche courbe, puis à attacher une tige de bois lisse et sèche autour de celle-ci et à la placer sur une surface de bois rugueuse et sèche. Le produit obtenu est une fine poudre noire inflammable.

Si le feu est allumé, vous ne serez pas là pour le faire, vous devez l'alimenter. Pensez à avoir une grande réserve de bois sec avant de continuer. Tant que le feu brûle parfaitement, vous devez l'alimenter avec des matériaux plus gros, des bûches plus petites ou de gros bâtons.

SURVIVRE À UN INCENDIE DE FORÊT

C'est là tout le mystère du feu, qui est à la fois une source de chaleur et de bien-être, mais aussi une menace éminemment dangereuse, en particulier dans la forêt. Si vous allumez une étincelle, ne la laissez jamais sans surveillance. Il y a toujours un moyen de l'éteindre, comme l'eau ou le gravier.

Si un incendie se déclare à proximité, n'essayez même pas de fuir dans le sens contraire, car vous ne pourrez jamais le distancer. Enroulez un linge humidifié autour de votre visage et protégez votre campement en brûlant une cinquantaine de mètres carrés de broussailles pour créer une zone de sécurité.

Si vous êtes courageux et suffisamment confiant, vous pouvez tenter de sauter par-dessus le mur de feu, mais seulement si celui-ci n'atteint pas un mètre de large. Sinon, allongez-vous face contre terre en couvrant votre corps d'un tissu humide, si possible non synthétique.

PURIFIER L'EAU SOUILLÉE

C'est un élément décisif de la survie. Trouver de l'eau doit être la préoccupation majeure de celui qui veut survivre dans un environnement hostile. Trouver de l'eau au Québec n'est pas (trop) préoccupant, mais s'exposer à de l'eau propre peut aussi être gênant et provoquer des vomissements et des diarrhées.

L'une des meilleures façons de purifier l'eau est de la faire bouillir. Un autre moyen est de fabriquer un filtre au carbone. Le charbon est un excellent agent filtrant, simple à produire, même s'il n'est pas efficace à 100%.

Placez une feuille de papier, comme une pipe, de la terre empilée, du gravier et de la roche large, couche après couche dans un bac en forme d'entonnoir. Cumulez ces deux approches pour obtenir une eau absolument potable.

CUEILLIR DES FRUITS COMESTIBLES

Si vous êtes sans nourriture, la cueillette est un moyen de vous nourrir et de récupérer de l'énergie. Mais comment apprendre ce qui est comestible ? Tout d'abord, un processus long et prudent consiste à transférer la chair ou la sève sur la peau. Si vous ne ressentez aucune réaction au bout de quelques minutes, vous pouvez alors déplacer la chair sur vos lèvres.

Si vous ne remarquez pas quelque chose, croquez-en une petite partie sans l'avaler et gardez-la dans votre bouche pendant quelques minutes. Mâchez-le bien jusqu'à ce que vous le mangiez pour de vrai. À chaque fois, assurez-vous qu'aucun symptôme ne se manifeste, comme un grattage ou une éruption cutanée. Cependant, cette approche n'est pas infaillible...

SE PROTÉGER DE LA FOUDRE

Chaque année, la foudre tue dix victimes au Canada et blesse 100 à 150 personnes, selon les estimations d'Environnement. La première chose à faire lors d'un orage est de déterminer la distance où la foudre a frappé.

Vous êtes dans la zone de danger, si le décalage horaire entre l'éclair et la foudre est moins de 6 secondes. Il est important de savoir ce qu'il faut faire et quoi faire en cas d'ouragan géographiquement dangereux.

> A faire : si vous êtes sur un terrain non couvert, prenez "la position de l'éclair" ; accroupie, penchée en avant et les mains sur les genoux, idéalement sur un matériau isolant (ciré, plastique ...). Si vous êtes en forêt, évitez de toucher les troncs. Si vous êtes dans une embarcation, accroupissez-vous au maximum dans le fond de l'embarcation, puis tentez de rejoindre la rive.

Une nouvelle étude de la National Outdoor Leadership School (NOLS) a révélé que les terrains vallonnés sont les plus faciles à affronter en cas d'orage. Cherchez un refuge dans une gorge, un drain ou une fosse. Mais attention aux pluies et aux rivières imprévues.

> A ne pas faire : arrêtez les planchers surélevés. Ne vous cachez pas sous un arbre, car si un éclair frappe la branche, l'énergie se déplacera vers le sol et déclenchera un choc violent. Ne vous étendez pas sur le sol, ne cherchez pas d'abri dans votre tente ou dans un petit bâtiment. Débarrassez-vous (temporairement) des objets métalliques et des gadgets mobiles. Ceux-ci n'attirent pas la foudre, mais ils aggravent l'impact en déclenchant des brûlures.

EN CAS DE JAMBE DÉBOITÉE OU CASSÉE

La seule façon de continuer son voyage avec un genou douloureux est de fabriquer une attelle de marche. Roulez en deux tubes votre matelas de sol, puis placez votre genou entre ces tubes en couvrant uniquement l'arrière de la jambe.

Placez une surface rigide derrière le genou pour maintenir la jambe légèrement fléchie. Fixez strictement le tout avec un ou deux clips pour préserver correctement l'attache.

LUTTER CONTRE L'HYPOTHERMIE

En général, la première chose qui nous vient à l'esprit lorsque nous sommes trempés est d'allumer une bougie. Un procédé qui permet de sécher rapidement, ce qui est inefficace face à l'hypothermie.

Allumer un feu implique beaucoup de travail qui prend parfois du temps. Dès que vous sortez de la piscine, l'objectif est d'empêcher la perte de chaleur jusqu'à la limite. Par conséquent, remplacez immédiatement vos vêtements par des vêtements secs ou, si vous ne pouvez pas le faire, extrayez l'eau de vos vêtements le plus loin possible en les pulvérisant.

Faites des étirements en douceur, consommez une consommation agréable et sucrée pour améliorer votre métabolisme et ajouter des calories. Si l'hypothermie est plus grave, couvrez vous d'une bâche et d'un coussin de sommeil pour augmenter rapidement votre température corporelle.

Après tous ces conseils, c'est maintenant à votre tour de mettre ceci à l'épreuve et prévoir tous vos plans d'action et méthodes pour quand le jour viendra vous serez prêt. Écrivez des scénarios pour vous préparer à toute éventualité :)

www.ingramcontent.com/pod-product-compliance
Lightning Source LLC
Chambersburg PA
CBHW072027150726
47999CB00002B/780